仓颉日记

汉字由来

HANZI YOULAI

家庭

刘金柱 王强军／主编
刘青松／编著

北京理工大学出版社
BEIJING INSTITUTE OF TECHNOLOGY PRESS

前言

学汉字，就要懂汉字——懂汉字的由来，懂汉字的深意，懂汉字的演变，这样才能事半功倍。为了帮助小读者学汉字、懂汉字，河北大学“汉字小行家”教学科研团队特意编写了本系列图书！

河北大学“汉字小行家”教学科研团队成立于2016年。自成立之日起，团队的汉字“大专家”们就开始致力于教“小学生”如何学好汉字，将大学课堂中的中国优秀传统文化和汉字知识带入中小学生课堂，让它们在孩子们心中生根发芽，让孩子们不再死记硬背，而是在趣味中探究中国汉字！为了实现这个目标，老师们进校园，开课堂，研发线上教学，并编制了学习材料。本系列图书就是教研团队24位专家历时两年，三易其稿，献给孩子们的优秀汉字学习读本。

《仓颉日记——汉字由来》专为4~8岁的孩子编写。编者精心选取汉字，与孩子一起探究汉字来源，讲述汉字的故事，总结其中的规律。全系列图书依据孩子的认知发展规律分为6册，依次为《人体》《家庭》《自然》《动植物》《器物》和《人类活动》，分别引导孩子学习相关汉字及知识。选字按照由易到难的顺序，从象形字逐步过渡到指事字、会意字、形声字。

为了让孩子喜欢读，热爱学，我们借中国神话中汉字的创造者“仓颉”之名，虚构了仓颉和童子这样一对师徒，将师徒间有趣味的对话和极具中国传统风格、富有童趣的绘画相搭配，为孩子们引出了汉字的起源与演进过程。需要说明的是由于汉字是逐渐完善的，并非一蹴而就，所以图文中涉及的部分内容会超越画面中人物所处的时代背景，望读者理解。

若您对本套丛书有任何建议，欢迎联系我们。我们会持续努力，为读者奉上更优秀的作品！

目录

本书使用说明

标题 告诉大家，今天我们要学什么字。

师徒趣味问答 仓颉与童子一问一答，以极其幽默的对话形式，风趣地揭示了汉字的来源。

古体字展示 以目前能考察到的最早字形为例，如最早字形为甲骨文，此处即为甲骨文字形，若最早字形为金文，则此处为金文字形，以此类推。

字形演变 从古至今，汉字字形和写法发生了很多变化，这里展示了该汉字甲骨文、金文、篆书、隶书、楷书的演变过程，如果相应字形处出现“？”，表示此字形尚不明确。

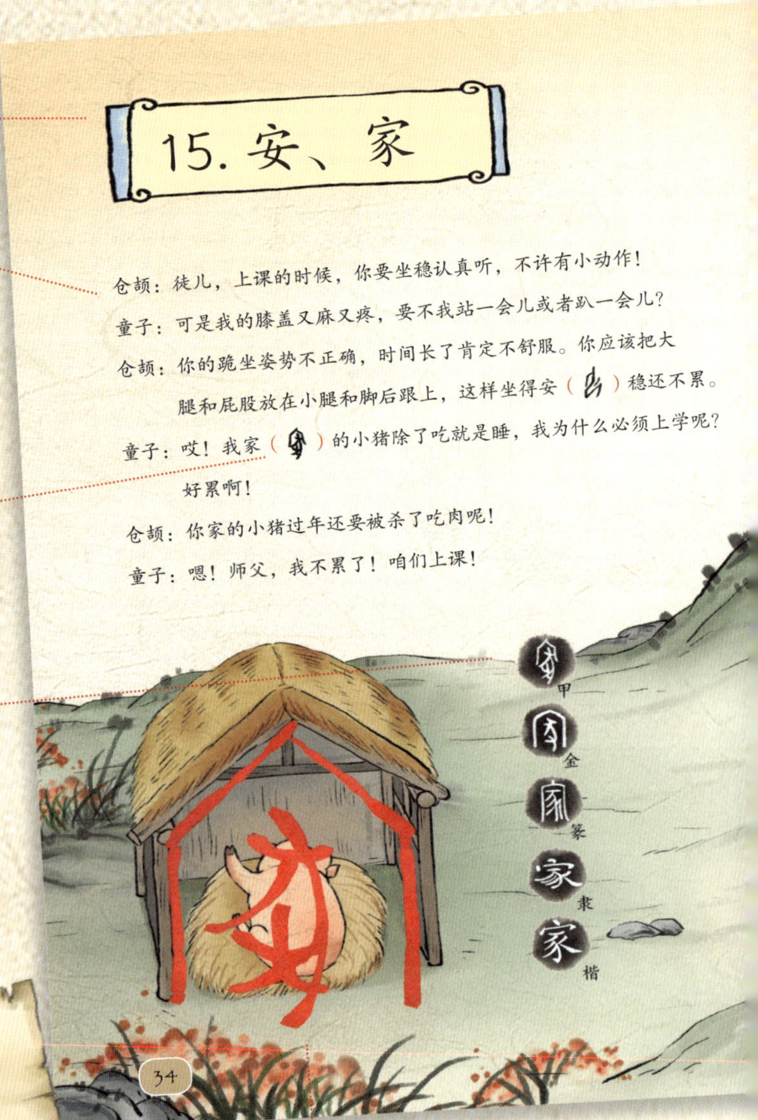

15. 安、家

仓颉：徒儿，上课的时候，你要坐稳认真听，不许有小动作！

童子：可是我的膝盖又麻又疼，要不我站一会儿或者趴一会儿？

仓颉：你的跪坐姿势不正确，时间长了肯定不舒服。你应该把大腿和屁股放在小腿和脚后跟上，这样坐得安（ ）稳还不累。

童子：哎！我家（ ）的小猪除了吃就是睡，我为什么必须上学呢？好累啊！

仓颉：你家的小猪过年还要被杀了吃肉呢！

童子：嗯！师父，我不累了！咱们上课！

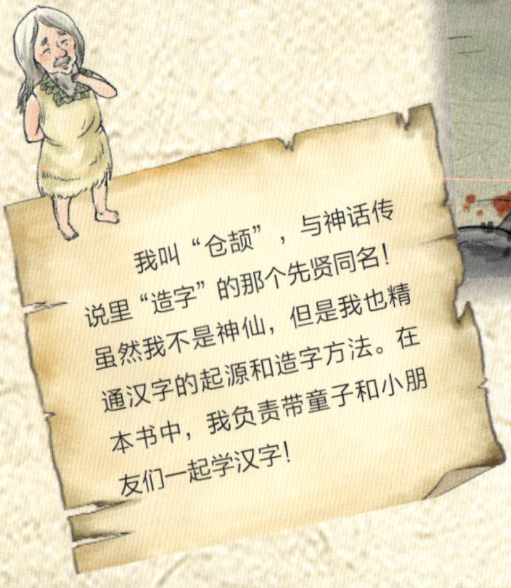

构成汉字的图形 终于被你发现啦，我就是你扫二维码找到的那个汉字！

创作说明

本书假借仓颉之名，虚构了仓颉与童子这两个人物，旨在通过他们的日常对话讲解汉字的起源与演变过程。由于汉字是逐步完善的，并非一蹴而就，所以图文中涉及的部分内容会超越画面中人物所处的时代背景，望读者理解。

二维码

扫一扫，可以**听**到仓颉和童子的对话，也会**看**到故事中讲的那个字到底**隐藏**在画面的哪个角落！

仓颉大神提高班

这里是汉字的发展、演变及延伸。这些汉字现在还在用吗？它们和最初的样子一样吗？答案在这里。

1. 女、男

童子：师父，为什么这么热的天小花可以在家待着，我却要到森林里打猎、到田里干活？

仓颉：因为小花是女（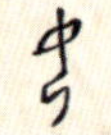）孩，女孩要在家里负责家务，男（）孩力气大，要打猎、放牧、下田干活，男女不一样啊！

童子：师父，如果我变成女孩了，就可以不到森林里打猎、不到田地里干活，而是在家里安闲地坐着吧？

仓颉：那也得等你真变了再说，现在跟我去除草！

甲　金　篆　隶　楷

仓颉大神提高班

与女性有关的字大多以“女”为部首，如妇、娇、妻等，另外，大部分的女性家人的称呼：奶奶、姥姥、妈妈、姐姐、妹妹、姨等，也含有“女”部。

2. 好、妇

童子：师父，是做男子好（），还是做女子好？

仓颉：自然是做我们男子好。

童子：为什么？

仓颉：男子更强壮，能做很多事。

童子：女子不好吗？

仓颉：女子力气太小了。

仓颉大神提高班

“妇”的古体字形是一个女子拿着扫帚在打扫，指的是已婚妇女。“好”字的本义是美丽，引申为美好、喜欢，还曾当作姓氏用，古代商朝有个国君武丁，他的王后叫妇好。

3. 父、母

童子：师父，“父”（ ）“母”（ ）两个字怎么写呢？

仓颉：“父”像人用手举着什么东西，表示家长。“母”是一个能给小孩子哺乳的女子。

童子：哦！明白了，父亲是给玩具的人，母亲是给食物的人。

仓颉：玩具？！其实，父亲手里拿的是戒尺！

仓颉大神提高班

“父”最初指父亲，后来常常用于称呼男性长辈，如：伯父、舅父、叔父等。“母”是象形字，是给孩子哺乳的母亲的形象。

4. 孕、生

童子：师父，妈妈说我是生（）出来的。咱们村子哪块土地能生人？

仓颉：你想错了，人是自己的妈妈怀胎十月生出来的。你看隔壁婶婶不就有孕（）在身吗？

童子：天啊！这么说我是钻破肚皮长出来的？

仓颉大神提高班

“孕”字表示妇女怀孕，肚子里有了孩子。

5. 子、保

童子：师父，您在看什么？那么认真！

仓颉：我在看那个小孩子（）。他被被子包着，露出大大的头和两只胳膊，真可爱啊！

童子：可要是遇到恶狗，还得赶紧把他抱起来跑，既耽误时间又跑不快，多危险！

仓颉：那就把孩子背起来逃跑，背在背上就能很好地保（）护他了……你怎么光想着这些坏事啊？

童子：因为有条恶狗在看我们！恐怕您得背起我逃跑了！

仓颉大神提高班

“子”除了表示“孩子”的意思，在古代也是对男子的尊称，相当于现在的“先生”，如“孔子”“老子”“庄子”等。

6. 儿、孙

仓颉：徒儿，发什么呆呢？

童子：师父，我在想，等我的儿（）子生了孩子，我就能当上爷爷了。

仓颉：你才八岁，关于孙（）子的事想得太早了。

童子：不早，我阿爸让我早点做准备。

仓颉：准备什么？

童子：盖房子娶媳妇啊！

仓颉大神提高班

“儿”的甲骨文字形是囟门未闭合的孩子的样子。“孙”指儿子的后代。

7. 教、学

童子：师父，为什么要盖新房子？

仓颉：做新教室！我决定多收几名弟子，手把手教（ ）你们学（ ）习。

童子：那我就是大师兄了？

仓颉：对！我不在时，你要替我教他们！

童子：教他们？师父，您的教鞭借我一用吧！

仓颉大神提高班

“学”的甲骨文字形上面是两只手拿算筹的样子，下面是屋子的样子；“教”的甲骨文字形左边是一个人头上有算筹，表示一个人在学习，右边是一个人拿着棍子的样子，表示指导、教育。

8. 孝、改

童子：师父，什么叫孝顺？

仓颉：比如，你背着你奶奶过河，就是很孝（）顺的表现，再比如……

童子：那我这就去！

仓颉：等等！去哪里？

童子：我先找条河，再问问我奶奶要不要过去。

仓颉：你什么时候能改（）掉只听半句话的坏毛病？

童子：师父，您好好说！别拿着戒尺……

仓颉：哼！再比如，你好好习字也是孝顺。

仓颉大神提高班

“孝”的古体字形上半部分表示头发稀疏的老人，下半部分表示小孩，是一个小孩扶着或背着老人的样子；“改”的甲骨文字形左侧“”指在胎包中生长的小儿，右侧“”表示手里拿着小棍敲打，意思是教育小儿或后代改正错误。

9. 长、老

童子：师父，为什么您要向大首领的父亲行礼？

仓颉：因为他是长（）者，年纪大了。没看见他头发、胡须都那么长，还拄着拐杖吗？

童子：可是师父您也老（）了啊！

仓颉：胡说，为师怎么老了？

童子：今天您也拄着拐杖啊，那不是老了吗？

仓颉：这不是拐杖，我是看这根竹子不错，想拿回去做根戒尺。

仓颉大神提高班

古人认为头发、胡须是父母所赐，不能随意修剪，所以一般年龄越大的人，须发越长。“老”字也是对年长的人的尊称，如“老先生”“老师”“老者”等。

10. 疾、病

童子：师父，听说大首领中箭了，咱们去看看他吗？

仓颉：被敌人射了一箭，不过小疾（ ）而已！又不是患了大病（ ）起不了床，过几天他就好了。

童子：师父，上次您崴了脚大首领都来看您了，您不是说要礼尚往来么？

仓颉：有道理，那把中午要吃的那只鸡带过去看看他吧，咱们中午就吃青菜吧！

仓颉大神提高班

“疾”字中的“矢”代表箭，“疾”的甲骨文字形是一支利箭射向人的腋下。“疒”衍生为部首，含有“疒”的字多与疾病有关。

11 示、宗

童子：师父，您带我来这儿做什么？

仓颉：学个新字，“示”（）就是咱们祭祀祖先时用的“灵牌”。

童子：噢，那得给祖先摆上水果之类的吧？

仓颉：当然，这样才是对祖先有礼貌。

童子：在外面放着也不安全啊！万一招来虫子、野兽什么的把东西叼跑了怎么办？

仓颉：所以我们就给祖先盖了宗（）庙啦，明天带你去看看。

童子：好嘞！

仓颉大神提高班

“示”后来发展为部首“礻”（示部），含“礻”的字多表示与神灵、崇拜、祭祀等有关，如祖、神、祝、社、祥、福、祸等。

12. 祝、福

童子：师父，大首领跪在灵牌前面干什么啊？

仓颉：他在祭祀祖先啊，祝（）祷我们部落风调雨顺吧！

童子：哦！我知道了！就是给先人上贡品，求赐福（）啊！

仓颉：你怎么知道贡品的事情？

童子：当然知道！那些贡品可好吃……

仓颉：你们居然偷吃贡品？

童子：师父饶命啊！我们没偷，是大首领分给我们小孩子的……

祝 祝 祝 祝 祝

甲 金 篆 隶 楷

仓颉大神提高班

祝和福都与古代祭祀、祈祷有关。在学习“礻”部的时候，我们一定要和“衤”（衣部）区分开！

13. 力、协

仓颉：徒儿，你拿那个农具干吗？那个农具很重啊，你的力（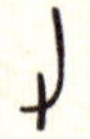）气有那么大吗？

童子：当然！我力气大得很，不光能拿动它，干起活来还不慢呢，不信，咱们比比？

仓颉：敢跟师傅比！要是你赢了请你吃新摘的果子！

童子：一言为定，伙伴们，咱们一起上啊！

仓颉：啊？我一个人要跟你们三个人比？

童子：哈哈，多人协（）作力量更大啊！

仓颉大神提高班

“力”的甲骨文字形是一种农具的样子，后来指力气、力量；“协”的甲骨文字形是三个“力”在一起，表示共同的意思。

14. 劣、幼

童子：师父，什么是“优”？

仓颉：优，就是很好，越来越好。

童子：那越来越不好呢？

仓颉：那就是劣（），比如力气越来越小，身体越来越弱，都是劣的表现。

童子：噢，那天生力气小不算劣吧？

仓颉：嗯，年幼（）的人当然就没有什么力气，不过他们会成长的，会变得越来越强壮。

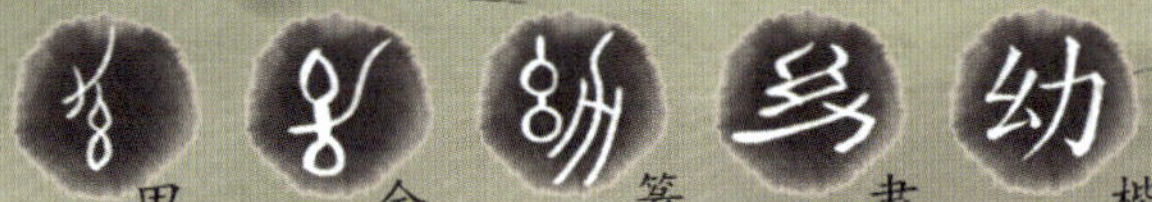

甲　金　篆　隶　楷

仓颉大神提高班

“劣”是由“少”和“力”组成的，表示弱、小。“幼”的甲骨文字形中的“幺”是“极小”的意思，指力量微小、年少。

15. 安、家

仓颉：徒儿，上课的时候，你要坐稳认真听，不许有小动作！

童子：可是我的膝盖又麻又疼，要不我站一会儿或者趴一会儿？

仓颉：你的跪坐姿势不正确，时间长了肯定不舒服。你应该把大腿和屁股放在小腿和脚后跟上，这样坐得安（）稳还不累。

童子：哎！我家（）的小猪除了吃就是睡，我为什么必须上学呢？好累啊！

仓颉：你家的小猪养肥了还要被杀了吃肉呢！

童子：嗯！师父，我不累了！咱们上课！

仓颉大神提高班

在古文字中“∩”用来表示房子，后来演变为“宀”，所以含有“宀”的汉字大部分都跟房屋或家庭有关，如室、宅、守、寓、寝等。古人坐的时候经常是跪坐的，从“安”字中可以很清楚地发现。

16. 欠、吹

童子：师父，您看岩画上那个人，他一定是在打呵欠（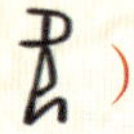）！

仓颉：你怎么知道的？

童子：您看他困得眼泪都快出来了，张着嘴，仰着头，不就是打呵欠吗？

仓颉：你还挺聪明。这个人呢？

童子：这个人伸着脖子，鼓着肚子，他在干什么啊？

仓颉：这是吹（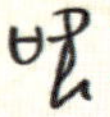）气的动作，吸一口气，把嘴合拢，然后把气吹出去。

童子：应该在他嘴里画一只牛，那就是吹牛了，哈哈哈！

仓颉大神提高班

“欠”的甲骨文字形看起来就像是一个人在打哈欠。“吹”字多了一个“口”，强调嘴巴吹气的动作。

17. 即、既

童子：师父，师娘不是说立即开饭吗？饭怎么还没来？

仓颉：不要光想着吃，你先把“即”（）和“既”（）这两个字区分开再说！

童子：“即”就是我现在等着开饭的样子，您看，我嘴张得大大的，口水都要流下来了……

仓颉：那“既”呢？

童子：“既”是已经吃饱，把脸扭开，准备离开饭桌了。

仓颉：正确！咱们开饭！

甲 金 篆 隶 楷

甲 金 篆 隶 楷

仓颉大神提高班

“”表示盛着食物的器皿“簋”（guǐ）。“即”的甲骨文字形左边是器皿，右边是张开嘴要吃东西的人形，引申为接近；“既”的甲骨文字形左边是器皿，右边是吃饱了扭转头的人，引申为完、尽。

18. 贝、宝

童子：师父，究竟什么东西才能称得上是宝（）物？

仓颉：当然是人们得到以后都会藏在家里的东西。

童子：是很少见的、很重要的东西？

仓颉：对，比如人们把很少见的贝（）壳当钱币，这就是需要珍藏的宝物。

童子：啊？贝壳是宝物？有机会我要去海边多捡一些！

仓颉大神提高班

“宝”的古体字形里面包含“贝”的结构。实际上，我们现在之所以看到的很多字都联系不上古代的造字来源，是因为字形在千百年时间里发生了变化。

19. 买、货

仓颉：徒儿，你用网兜兜着那么多贝壳去干吗？

童子：师父，我去买（）好吃的！

仓颉：可是，你哪里来的贝壳呢？

童子：我把桌子上的那块玉石当货（）物换钱了！

仓颉：那玉石是我送给你师娘的礼物，居然被你卖了？你给我站住！

仓颉大神提高班

“货”就是金钱、珠玉、布帛等的总称。“买”的甲骨文字形上面是代表网的“⋈”，下面是代表贝的“ɛЭ”，是指通过买卖行为得到利润。

20. 辛、宰

童子：师父，辛（）字是什么意思？

仓颉：它原来的意思是惩罚犯人用的刀。

童子：那宰（）字呢？看上去这把刀进了屋子，是什么意思啊？

仓颉：奴隶和犯人被带进屋子里受罚，表示他们成了家里的奴隶了！

童子：带回家就成了家里的了？我要把偷吃我家鱼的那只野猫抓到屋子里，它就成了我家的了！

甲　金　篆　隶　楷

仓颉大神提高班

“辛”的甲骨文字形是一种刀的样子；“宰”在最初的时候指的是家奴，后来逐渐有了管理的含义。另外，“宰”还引申出了宰杀的意思。

21. 玉、璧

童子：师父，这好好的玉（）石为啥要串成一串？

仓颉：这样拿着比较方便。

童子：还是玉璧（）好看。

仓颉：不愧是我的徒儿，果然见多识广。你认识玉璧？

童子：就是圆形的，中间有孔的玉嘛！上次大首领给您的那块，我拿给小花看了！

仓颉：那把它摔坏的也是你了？

童子：师父，我错了！

仓颉大神提高班

“玉”表示玉石，含有“玉”部的字，多和玉石有关系。比如玺、莹等。“玉”后来又衍生出了“王”部，比如珠、环等。

图书在版编目（CIP）数据

汉字由来. 家庭 / 刘金柱, 王强军主编 ; 刘青松编著. -- 北京 : 北京理工大学出版社, 2019.7（2020.8 重印）

（仓颉日记）

ISBN 978-7-5682-7071-7

Ⅰ. ①汉… Ⅱ. ①刘… ②王… ③刘… Ⅲ. ①汉字-字源-儿童读物 Ⅳ. ①H12-49

中国版本图书馆CIP数据核字(2019)第092629号

出版发行 / 北京理工大学出版社有限责任公司

社　　址 / 北京市海淀区中关村南大街5号

邮　　编 / 100081

电　　话 / （010）68914775（总编室）

（010）82562903（教材售后服务热线）

（010）68948351（其他图书服务热线）

网　　址 / http: //www.bitpress.com.cn

经　　销 / 全国各地新华书店

印　　刷 / 雅迪云印（天津）科技有限公司

开　　本 / 710毫米×1000毫米　1/16

印　　张 / 3

字　　数 / 60千字

版　　次 / 2019年7月第1版　2020年8月第3次印刷

定　　价 / 28.00元

责任编辑 / 刘汉华

文案编辑 / 刘汉华

责任校对 / 周瑞红

责任印制 / 施胜娟